STEFANIE NICKEL

THAILAND

FOTOGRAFIE: WOLFGANG SCHARDT

INHALT

Öffnen Sie die Klappen dieses Buches.
Dort finden Sie die wichtigsten Infos zum Thema auf einen Blick!

DAS PRINZIP:
THAI-CURRY

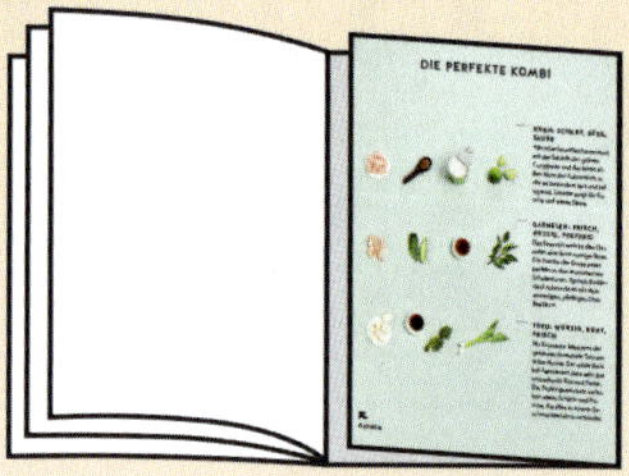

DIE PERFEKTE
KOMBI

Immer griffbereit:

SO GEHT'S:
ROTE CURRYPASTE

Immer griffbereit:

SO GEHT'S:
FRÜHLINGSROLLEN

GU
CLOU

Wussten Sie schon, dass ...?
Entdecken Sie bei einigen ausgewählten Rezepten ganz besondere Tipps mit verblüffendem Insiderwissen. Aha-Momente garantiert!

Mit diesem Symbol sind alle vegetarischen Gerichte gekennzeichnet.

Die Backzeiten können je nach Herd variieren. Unsere Temperaturangaben beziehen sich auf das Backen im Elektroherd mit Ober- und Unterhitze.

Sammeln Ihrer Lieblingsrezepte mit der »GU Kochen Plus«-App (siehe S. 64)

REZEPTKAPITEL

STEFANIE NICKEL

Herrlich exotisch: Die thailändische Küche ist frisch, leicht und vielseitig. Ob Fingerfood, Currys, Wok-Gerichte oder Süßes – Thai-Gerichte sollte jeder mal selbst zubereiten, findet unsere Kochbuchautorin Stefanie Nickel!

Was gefällt mir an der Thai-Küche?

Dass sie so abwechslungsreich und aromatisch ist. Die thailändische Küche verzaubert mit köstlichen Düften, frischen Zutaten und vielen Geschmackskomponenten. Dazu ist sie total unkompliziert, das begeistert mich immer wieder.

Was ist das Besondere an der Küche?

Die Thai-Küche ist durch vier Geschmacksrichtungen geprägt: scharf, süß, sauer und salzig. Für Schärfe sorgen Chili oder Ingwer, für Süße Zucker oder Früchte, saure Noten liefern Limette und Zitrone und die salzige Komponente steuern Fisch- und Sojasauce bei. Die vier Geschmacksrichtungen findet man in allen Gerichten, sodass jedes für sich harmonisch schmeckt und ein Geschmacksfeuerwerk im Mund auslöst. Die Thai-Küche ist angenehm leicht und vielseitig mit frischem Gemüse, Fleisch, Fisch und Tofu. Übrigens werden in Thailand alle Gerichte – mit Ausnahme des Desserts – gleichzeitig auf den Tisch gestellt und gegessen.

Was möchte ich Ihnen hier zeigen?

Thailändisch kochen ist weder aufwendig noch kompliziert. Sie brauchen nur einen großen Wok und ein paar Grundzutaten, die man im Asialaden, inzwischen aber auch im gut sortierten Supermarkt bekommt. Sehen Sie hier, wie Sie Gemüse, Fisch oder Fleisch kombinieren können, um die Geschmacksvielfalt Thailands auch zu Hause zu genießen. Tauchen Sie mit mir in eine wunderbar dampfende, duftende Küche ein, die Ihre Familie und Freunde begeistern wird. Denn gemeinsam schmeckt es am allerbesten!

SATÉ-SPIESSE MIT 5 ZUTATEN

20 g Ingwer schälen und klein hacken.

2 TL Fünf-Gewürze-Pulver, ½ TL gemahlene Kurkuma und 3 EL Sonnenblumenöl mit dem Ingwer verrühren, die Marinade mit Salz und Pfeffer kräftig würzen.

500 g Hähnchenbrustfilet trocken tupfen und in Stücke schneiden. Mit der Marinade vermengen und zugedeckt im Kühlschrank 1 Std. marinieren lassen.

Inzwischen acht Holzspieße in kaltem Wasser einweichen.

Die marinierten Hähnchenbruststücke auf die Holzspieße stecken. Eine Pfanne stark erhitzen und die Spieße darin pro Seite in 3–4 Min. goldbraun braten. Nach Belieben mit Erdnusssauce oder süßscharfer Chilisauce servieren.

FINGERFOOD & SALATE

Für 4 Personen • 50 Min. Zubereitung • Pro Portion ca. 345 kcal, 7 g E, 15 g F, 37 g KH

FRÜHLINGSROLLEN

VEGAN

80 g Glasnudeln
2 Möhren
100 g Shiitake (Pilze)
1 Dose Bambussprossen (Abtropfgewicht 150 g)
ca. 500 ml Frittieröl
3 EL Sojasauce
½ Bund Koriandergrün
50 g Erdnusskerne (gesalzen)
Pfeffer
24 Teigblätter für Frühlingsrollen (à 12 × 12 cm; ersatzweise Strudel- oder Filoteigblätter)
100 ml Sweet Chili-Sauce (Fertigprodukt)

1 Die Glasnudeln in einer Schüssel mit kochend heißem Wasser übergießen und ca. 4 Min. ziehen lassen. Abgießen, in 5 cm lange Stücke schneiden und beiseitestellen. Die Möhren putzen, schälen und in feine Streifen schneiden. Die Pilze putzen und in Scheiben schneiden. Die Bambussprossen abgießen und abtropfen lassen.

2 Im Wok 2 EL Öl bei mittlerer Hitze erhitzen. Möhren und Pilze unter stetigem Wenden kurz darin anbraten. Die Glasnudeln hinzufügen und kurz mit andünsten. Die Nudel-Gemüse-Mischung vom Herd nehmen und mit Sojasauce würzen. Den Koriander kurz abbrausen, trocken tupfen, die Blätter abzupfen und mit Bambussprossen und Erdnüssen untermischen. Mit Pfeffer würzen.

3 Ein Teigblatt auf die Arbeitsfläche legen und 2 EL Füllung als länglichen Streifen in die Mitte geben. Den Teig von links und rechts über die Füllung schlagen und die Rolle dann von unten nach oben aufrollen. Die übrigen Teigblätter mit der restlichen Füllung ebenso vorbereiten.

4 In einem Wok oder einer Fritteuse (180°) so viel Öl erhitzen, dass man die Frühlingsrollen komplett darin eintauchen kann. Die Frühlingsrollen portionsweise im heißen Öl 3–4 Min. goldbraun frittieren. Auf Küchenpapier entfetten und mit der Sweet Chili-Sauce zum Dippen servieren.

GU CLOU

Damit die Frühlingsrollen schön knusprig werden, muss das Öl die ideale Temperatur haben. Deshalb Frühlingsrollen nur portionsweise und in kleinen Mengen frittieren. Zwischen den Portionen kurz warten, damit das Öl wieder richtig heiß wird.

Für 4 Personen • 50 Min. Zubereitung • Pro Portion ca. 370 kcal, 4 g E, 15 g F, 51 g KH

GEMÜSE-TEMPURA

FÜR GÄSTE

300 g grüner Spargel
2 rote Zwiebeln
300 g Hokkaido-Kürbis
1 dünne Stange Lauch
Salz
500 ml Frittieröl
200 g Tempura-Teigmischung
2 EL heller Sesam
100 ml Sweet Chili-Sauce (Fertigprodukt)

1 Spargel putzen, waschen und im unteren Drittel schälen. Die Stangen halbieren. Zwiebeln schälen und in Spalten schneiden. Kürbis waschen, entkernen und in Spalten schneiden. Lauch putzen, waschen und in ca. 10 cm lange Stücke schneiden. Das Gemüse nacheinander in kochendem Salzwasser je ca. 15 Sek. blanchieren, kalt abschrecken und gut abtropfen lassen. Das Öl im Wok erhitzen.

2 150 g Tempura-Teigmischung in eine Schüssel geben. Nach und nach ca. 200 ml kaltes Wasser unterrühren, bis ein glatter Teig entsteht. Übrige Teigmischung (50 g) und Sesam je in eine Schale füllen.

3 Das Gemüse in der trockenen Teigmischung wenden und leicht abklopfen. Durch den angerührten Teig ziehen und etwas abtropfen lassen, dann rundherum mit Sesam bestreuen. Sofort portionsweise im Öl 2–3 Min. frittieren. Mit einer Schaumkelle herausheben, auf Küchenpapier entfetten und mit der Sauce servieren.

Für 4 Personen • 25 Min. Zubereitung • Pro Portion ca. 160 kcal, 20 g E, 7 g F, 5 g KH

MARINIERTE GARNELEN

SCHNELL

12 rohe Riesengarnelen (mit Schale; ersatzweise TK, aufgetaut)
2 EL Sonnenblumenöl
Salz, Pfeffer
1 Stängel Zitronengras
1 grüne Chilischote
½ Bund Radieschen
5 Stängel Minze
5 Stängel Thai-Basilikum
4 EL Orangensaft
3 EL Fischsauce
1 TL Palmzucker

1 Die Garnelen waschen und trocken tupfen. Das Öl in einer Pfanne erhitzen und die Garnelen darin bei mittlerer Hitze ca. 2 Min. braten. Mit Salz und Pfeffer würzen, herausnehmen und etwas abkühlen lassen. Die Garnelen schälen und grob zerkleinern.

2 Das Zitronengras waschen, die äußeren Blätter entfernen und das untere Ende abschneiden. Den Stängel in feine Scheiben schneiden. Die Chilischote waschen, halbieren, weiße Trennwände und Kerne entfernen und die Hälften fein hacken. Die Radieschen putzen, waschen und würfeln. Die Kräuter waschen und trocken tupfen, die Blätter abzupfen und in Streifen schneiden.

3 Orangensaft, Fischsauce und Palmzucker verquirlen, bis sich der Zucker aufgelöst hat. Die Garnelen damit vermischen und ca. 5 Min. ziehen lassen. Radieschen, Chili und Zitronengras untermischen, die Kräuter unterheben und die marinierten Garnelen servieren.

GEDÄMPFTE TEIGTASCHEN

VEGAN

Für 4 Personen • 1 Std. Zubereitung • Pro Portion ca. 200 kcal, 6 g E, 9 g F, 17 g KH

20 TK-Wan-Tan-Blätter
1 Stück Ingwer (2–3 cm)
2 Frühlingszwiebeln
2 Stangen Staudensellerie
200 g Weißkohl
1 EL dunkles Sesamöl
2 EL Sojasauce
Pfeffer
50 g Erdnusskerne (ungesalzen)
100 ml Sriracha-Sauce (Fertigprodukt)

GUT ZU WISSEN

Das dunkle Sesamöl aus gerösteten Samen ist sehr aromatisch, deshalb lieber sparsam verwenden. Das kalt gepresste helle Sesamöl, das man hier meist bekommt, eignet sich mit seinem milden, nussigen Geschmack gut zum Würzen von Gerichten oder für Dressings.

1 Die Wan-Tan-Blätter unter einem feuchten Küchentuch auftauen lassen. Inzwischen den Ingwer schälen und fein hacken. Frühlingszwiebeln und Sellerie putzen und waschen, das Frühlingszwiebelgrün abschneiden und beiseitelegen, den weißen Teil und den Sellerie in feine Würfel schneiden. Den Weißkohl putzen und in feine Streifen hobeln (Bild 1).

2 Das Sesamöl in einem Wok oder in einer Pfanne erhitzen. Ingwer und Gemüse darin 3–4 Minuten andünsten. Mit der Sojasauce und Pfeffer abschmecken und abkühlen lassen. Die Erdnüsse grob hacken und die Hälfte untermischen (Bild 2).

3 Die aufgetauten Wan-Tan-Blätter nebeneinander auf die Arbeitsfläche legen. In die Mitte je 1 gehäuften TL Füllung setzen (Bild 3) und die Ränder mit Wasser anfeuchten. Nacheinander je zwei gegenüberliegende Spitzen aneinanderlegen und in der Mitte zusammendrücken (Bild 4).

4 In einem Topf oder im Wok ausreichend Wasser zum Kochen bringen. Den Dämpfaufsatz mit Backpapier auslegen und die Wan-Tans darin verteilen (Bild 5). Den Aufsatz auf den Topf setzen (er sollte das Wasser nicht berühren) und die Wan-Tans zugedeckt ca. 10 Min. dämpfen.

5 Das Frühlingszwiebelgrün in Ringe schneiden. Die Wan-Tans mit Frühlingszwiebelringen und den übrigen gehackten Erdnüssen bestreuen. Mit der Sriracha-Sauce servieren (Bild 6).

Für 4 Personen • 45 Min. Zubereitung • Pro Portion ca. 300 kcal, 27 g E, 12 g F, 20 g KH

FISCHFRIKADELLEN

FÜR GÄSTE

500 g weißes Fischfilet (ohne Haut, z. B. Kabeljau, Rotbarsch oder Zander)
1 Knoblauchzehe
1 Stück Ingwer (2–3 cm)
3 Frühlingszwiebeln
Salz, Pfeffer
3 EL Fischsauce
2 EL Reisessig
1 Salatgurke
½ Bund Koriandergrün
100 g Panko (asiat. Semmelbrösel)
4 EL Sonnenblumenöl

1 Fischfilet kalt abbrausen, trocken tupfen und fein hacken. Knoblauch und Ingwer schälen und hacken. Frühlingszwiebeln putzen, waschen und in sehr feine Ringe schneiden, etwas Grün beiseitelegen. Fisch mit Ingwer, Knoblauch und Frühlingszwiebeln mischen. Mit Salz, Pfeffer und 1 EL Fischsauce abschmecken und zugedeckt kalt stellen.

2 Übrige Fischsauce (2 EL) mit Essig verrühren und pfeffern. Gurke waschen, nach Belieben halbieren und in Scheiben schneiden. Mit Zwiebelgrün und Dressing mischen. Koriander kurz abbrausen, trocken tupfen und die Blätter abzupfen. Die Hälfte untermischen.

3 Aus der Fischmasse mit angefeuchteten Händen zwölf Frikadellen formen. Panko auf einen Teller geben, Frikadellen darin wenden, Panko leicht andrücken. Öl im Wok erhitzen, Frikadellen pro Seite in ca. 3 Minuten knusprig braten, herausnehmen und auf Küchenpapier entfetten. Frikadellen und Salat mit übrigem Koriander bestreuen.

Für 4 Personen • 25 Min. Zubereitung • 20 Min. Ruhen • Pro Portion ca. 220 kcal, 8 g E, 15 g F, 10 g KH

ASIA-KRAUTSALAT

HERBST-REZEPT

½ kleiner Weißkohl (ca. 700 g)
3 Frühlingszwiebeln
1 rote Paprika
1 Stück Ingwer (2–3 cm)
2 EL Sojasauce
2 EL Reisessig
2 EL Sesamöl
Pfeffer
½ Bund Koriandergrün
80 g Erdnusskerne (ungesalzen)

1 Die äußeren Blätter des Weißkohls entfernen. Den Kohl vierteln und den Strunk herausschneiden. Die Weißkohlviertel auf dem Gemüsehobel in sehr feine Streifen schneiden. Die Frühlingszwiebeln putzen, waschen und in feine Ringe schneiden. Die Paprika waschen, halbieren, weiße Trennwände und Kerne entfernen und die Hälften in schmale Streifen schneiden.

2 Den Ingwer schälen und fein reiben. Mit Sojasauce, Essig und Sesamöl zu einem Dressing verquirlen. Mit Pfeffer würzen. Weißkohl, Frühlingszwiebeln und Paprika mit dem Dressing mischen und ca. 20 Min. ziehen lassen.

3 Den Koriander kurz abbrausen und trocken tupfen, die Blätter abzupfen und grob hacken. Die Erdnüsse in einer Pfanne ohne Fett rösten, herausnehmen und abkühlen lassen. Erdnüsse grob hacken und mit dem Koriander unter den Salat mischen. Den Salat servieren.

Für 4 Personen • 1 Std. Zubereitung • Pro Portion ca. 350 kcal, 23 g E, 4 g F, 53 g KH

THAI-SALAT MIT HÄHNCHEN UND REISNUDELN

FRÜHLINGS-REZEPT

200 g Reisnudeln
3 Möhren
2 rote Schalotten
4 Stangen Staudensellerie (mit Grün)
50 g Sojasprossen
3 Limetten (davon 1 Bio)
4 EL Fischsauce
1 EL Palmzucker (ersatzweise Rohrohrzucker)
Pfeffer
2 Hähnchenbrustfilets (à ca. 150 g)
Salz
1 EL Sonnenblumenöl

1 Die Reisnudeln in kaltem Wasser ca. 30 Min. einweichen. Inzwischen die Möhren putzen, schälen und in dünne Streifen schneiden oder hobeln. Die Schalotten schälen, halbieren und in Streifen schneiden. Den Sellerie putzen, das Grün beiseitelegen und die Stangen schräg in Stücke schneiden. Die Sojasprossen abbrausen und abtropfen lassen.

2 Die Bio-Limette heiß waschen, abtrocknen und die Schale abreiben. Von allen Limetten den Saft auspressen. Mit Fischsauce und Zucker verquirlen und mit Pfeffer würzen.

3 Die eingeweichten Nudeln aufkochen und nach Packungsanweisung garen. Abgießen, kalt abspülen und abtropfen lassen. Mit Möhren, Schalotten, Sprossen und dem Dressing vermischen und ca. 20 Min. ziehen lassen.

4 Inzwischen die Hähnchenbrustfilets trocken tupfen und mit Salz und Pfeffer würzen. Das Öl in einer Pfanne erhitzen und das Fleisch darin pro Seite ca. 4 Min. anbraten. Herausnehmen und abkühlen lassen.

5 Das beiseitegelegte Selleriegrün grob hacken. Das Hähnchenfleisch in Scheiben schneiden und mit dem Staudensellerie unter den Salat mischen. Den Salat mit Salz und Pfeffer abschmecken und mit Selleriegrün bestreut servieren.

Für 4 Personen • 35 Min. Zubereitung • Pro Portion ca. 215 kcal, 5 g E, 7 g F, 29 g KH

SÜSSSAURER MANGOSALAT

KLASSIKER

2 Bio-Zitronen
1 rote Chilischote
2 EL Tamarindenpaste
1 EL Fischsauce
2 EL Palmzucker (ersatzweise Rohrohrzucker)
Salz, Pfeffer
50 g Erdnusskerne (ungesalzen)
2 reife Mangos
2 rote Paprika
1 rote Zwiebel
1 Bund Koriandergrün

1 Die Zitronen heiß waschen und abtrocknen, die Schale abreiben und den Saft auspressen. Die Chilischote waschen, halbieren, weiße Trennwände und Kerne entfernen und die Hälften fein schneiden. Tamarindenpaste zerdrücken und mit 2–3 EL Wasser verrühren. Dann mit Zitronensaft und -schale, Chili, Fischsauce und Zucker gut verquirlen, mit Salz und Pfeffer abschmecken.

2 Erdnüsse in einer Pfanne ohne Fett rösten und abkühlen lassen. Mangos schälen, das Fruchtfleisch vom Stein schneiden und in dünne Scheiben schneiden. Paprika waschen, halbieren, weiße Trennwände und Kerne entfernen und die Hälften in feine Streifen schneiden. Zwiebel schälen, halbieren und in Streifen schneiden.

3 Koriander kurz abbrausen und trocken tupfen, die Blätter abzupfen, nach Belieben grob schneiden. Alle Zutaten mit dem Dressing vermengen. Die Erdnüsse grob hacken und auf den Salat streuen.

Für 4 Personen • 25 Min. Zubereitung • Pro Portion ca. 240 kcal, 21 g E, 13 g F, 6 g KH

RINDFLEISCHSALAT

SCHNELL

1 Knoblauchzehe
3 Limetten (davon 1 Bio)
3 EL Sojasauce
2 EL Palmzucker (ersatzweise Rohrohrzucker)
3 EL Sonnenblumenöl
Pfeffer
1 EL heller Sesam
100 g Baby-Spinat
1 Bund Koriandergrün
1 Bund Minze
2 Rindersteaks (à ca. 180 g)
Salz

1 Den Knoblauch schälen und fein hacken. Die Bio-Limette heiß waschen, abtrocknen und die Schale abreiben. Von allen 3 Limetten den Saft auspressen. Limettensaft, -schale, Knoblauch, Sojasauce, Zucker und 1 EL Sonnenblumenöl zu einem Dressing verquirlen. Mit Pfeffer würzen.

2 Den Sesam in einer Pfanne ohne Fett rösten, herausnehmen und abkühlen lassen. Den Spinat putzen, waschen und trocken schütteln. Koriander und Minze kurz abbrausen, trocken schütteln und die Blätter abzupfen. Mit dem Spinat mischen.

3 Das Fleisch trocken tupfen. Mit dem übrigen Öl (2 EL) einreiben und mit Salz und Pfeffer würzen. Eine Grillpfanne stark erhitzen und die Steaks darin pro Seite 3–4 Min. braten. Das Fleisch kurz ruhen lassen und in Scheiben schneiden. Mit der Spinatmischung auf Teller geben. Mit dem Dressing beträufeln und mit Sesam bestreuen.

Für 4 Personen • 30 Min. Zubereitung • Pro Portion ca. 215 kcal, 16 g E, 12 g F, 12 g KH

GARNELENSALAT MIT ZUCKERSCHOTEN

SCHNELL

1 Salatgurke (ca. 450 g)
150 g Zuckerschoten
50 g Sojasprossen
1 Bio-Zitrone
1 EL Fischsauce
1 TL Palmzucker (ersatzweise Rohrohrzucker)
2 EL helles Sesamöl
Salz, Pfeffer
50 g Cashewkerne
400 g rohe Riesengarnelen (mit Schale; ersatzweise TK, aufgetaut)
6 Stängel Thai-Basilikum

GUT ZU WISSEN
Riesengarnelen sind besonders große Exemplare, die auch Shrimps genannt werden. Sie eignen sich gut zum Braten und Grillen. Am besten bereitet man sie mit der Schale zu, weil sie dann schön saftig bleiben.

1 Die Gurke waschen, längs halbieren und die Kerne mit einem Teelöffel herauslösen. Gurke in dünne Scheiben schneiden. Die Zuckerschoten putzen, waschen und in breite Stücke schneiden. Die Sprossen abbrausen und abtropfen lassen.

2 Die Zitrone heiß waschen und trocken tupfen, die Schale fein abreiben und den Saft auspressen. Zitronensaft und -schale mit Fischsauce, Zucker und 1 EL Sesamöl verquirlen. Mit Salz und Pfeffer würzen.

3 Die Cashewkerne in einer Pfanne ohne Fett rösten, abkühlen lassen und grob hacken. Das vorbereitete Gemüse mit den Sprossen und dem Dressing mischen.

4 Die Garnelen kalt abbrausen und trocken tupfen. Das übrige Sesamöl (1 EL) in einer großen Pfanne erhitzen. Die Garnelen darin bei mittlerer Hitze auf jeder Seite ca. 2 Min. braten. Mit Salz und Pfeffer würzen.

5 Das Basilikum waschen und trocken schütteln, die Blätter abzupfen und grob hacken. Die Garnelen mit dem Salat anrichten. Mit Basilikum und Cashewkernen bestreut servieren.

CURRYS & SUPPEN

Für 4 Personen • 35 Min. Zubereitung • Pro Portion ca. 490 kcal, 39 g E, 32 g F, 9 g KH

HÄHNCHEN-BOHNEN-CURRY

EINFACH

2 Schalotten
250 g grüne Bohnen
250 g Champignons
2 Limetten (davon 1 Bio)
1 EL Sonnenblumenöl
2 EL grüne Currypaste
1 Dose Kokosmilch (400 g)
Salz, Pfeffer
500 g Hähnchenbrustfilet
4 Stängel Minze
50 g Erdnusskerne (gesalzen)

EINKAUFS-TIPP
Grüne Bohnen bekommt man bei uns im Sommer überall. Außerhalb der Saison können Sie auch tiefgekühlte Bohnen nehmen. Da diese blanchiert sind, geben Sie sie am besten gleichzeitig mit den Pilzen in den Wok.

1 Die Schalotten schälen und fein würfeln. Die Bohnen putzen, waschen und schräg in Stücke schneiden. Die Champignons putzen und in dünne Scheiben schneiden.

2 Die Bio-Limette heiß waschen, trocken tupfen und die Schale abreiben. Von beiden Limetten den Saft auspressen. Das Öl im Wok oder in einem Topf erhitzen und die Schalotten darin ca. 2 Min. unter Rühren andünsten. Die Currypaste einrühren und kurz mitdünsten, dann die Kokosmilch und 250 ml Wasser dazugießen. Die Sauce offen ca. 5 Min. einkochen. Mit Salz und Pfeffer würzen.

3 Inzwischen das Hähnchenfleisch trocken tupfen und in mundgerechte Stücke schneiden. Mit den Bohnen zum Curry geben und alles bei mittlerer Hitze ca. 10 Min. köcheln lassen. Die Champignons dazugeben und alle Zutaten weitere ca. 5 Min. garen.

4 Inzwischen die Minze waschen und trocken schütteln, die Blätter abzupfen und in Streifen schneiden. Kurz vor Ende der Garzeit zum Curry geben. Die Erdnüsse grob hacken. Das Curry mit Limettensaft, -schale und Salz abschmecken, mit den gehackten Erdnüssen bestreuen und servieren. Dazu passt Reis.

Für 4 Personen • 35 Min. Zubereitung • Pro Portion ca. 425 kcal, 18 g E, 33 g F, 13 g KH

GEMÜSE-CURRY MIT TOFU

VEGAN

500 g Thai-Auberginen
Salz
250 g Champignons
2 rote Paprika
1 EL Sonnenblumenöl
Pfeffer
2 EL rote Currypaste
1 Dose Kokosmilch (400 g)
50 g Cashewkerne
300 g Tofu
3 Stängel Thai-Basilikum

1 Die Auberginen putzen, waschen und in Stücke schneiden. Etwas salzen und beiseitestellen. Die Champignons putzen und in Scheiben schneiden. Die Paprika waschen, halbieren, weiße Trennwände und Kerne entfernen und die Hälften in Streifen schneiden.

2 Auberginen trocken tupfen. Öl im Wok erhitzen. Auberginen und Paprika darin unter Rühren ca. 2 Min. andünsten, salzen und pfeffern. Die Currypaste einrühren und andünsten. Kokosmilch und 150 ml Wasser dazugießen und alles ca. 10 Min. köcheln lassen.

3 Inzwischen die Cashewkerne in einer Pfanne ohne Fett anrösten und herausnehmen. Tofu trocken tupfen und in Stücke schneiden. Tofu und Pilze zum Curry geben und alles bei mittlerer Hitze ca. 5 Min. garen. Das Basilikum waschen, trocken schütteln und die Blätter abzupfen. Das Curry abschmecken und mit Basilikum und Cashewkernen bestreut servieren. Dazu passt Reis.

Für 4 Personen • 30 Min. Zubereitung • Pro Portion ca. 350 kcal, 8 g E, 24 g F, 24 g KH

GRÜNES CURRY MIT ANANAS

SCHARF

1 Bund Frühlingszwiebeln
400 g Zucchini
300 g festkochende Kartoffeln
1 Stängel Zitronengras
1 EL Sonnenblumenöl
2 EL grüne Currypaste
1 Dose Kokosmilch (400 g)
Salz, Pfeffer
1 Glas kleine Maiskolben (Abtropfgewicht ca. 190 g)
300 g Ananas
1 Bund Thai-Schnittlauch (ersatzweise normaler Schnittlauch)

1 Frühlingszwiebeln und Zucchini putzen und waschen. Frühlingszwiebeln schräg in Stücke schneiden. Zucchini längs halbieren und in Scheiben schneiden. Kartoffeln schälen, waschen und würfeln. Das Zitronengras waschen, die äußeren Blätter entfernen und das untere Ende abschneiden. Den Stängel sehr fein schneiden.

2 Öl im Wok oder in einem Topf erhitzen. Das Zitronengras darin kurz andünsten. Zucchini und Kartoffeln dazugeben. Die Currypaste einrühren und andünsten. Kokosmilch und 150 ml Wasser dazugießen und alles ca. 10 Min. köcheln lassen. Mit Salz und Pfeffer würzen.

3 Inzwischen Mais abtropfen lassen. Ananas schälen, den Strunk herausschneiden und die Ananas würfeln. Mais, Frühlingszwiebeln und Ananas zum Curry geben und alles ca. 5 Min. bei mittlerer Hitze garen. Schnittlauch waschen, trocken schütteln, in Röllchen schneiden und über das Curry streuen. Dazu passt Reis.

Für 4 Personen • 30 Min. Zubereitung • Pro Portion ca. 180 kcal, 21 g E, 2 g F, 17 g KH

GARNELEN-GLASNUDEL-SUPPE

SCHNELL

50 g Glasnudeln
2 Möhren
1 Stück Galgant (ca. 4 cm)
400 g Tomaten
1 l Gemüsebrühe
4 Kaffir-Limettenblätter
3 EL Fischsauce
12 rohe Riesengarnelen (mit Schale; ersatzweise TK, aufgetaut)
½ Bund Koriandergrün
Salz, Pfeffer

1 Die Glasnudeln in einer Schüssel mit kochend heißem Wasser übergießen und ca. 4 Min. ziehen lassen. Inzwischen Möhren putzen und schälen, Galgant ebenfalls schälen. Beides in dünne Scheiben schneiden oder hobeln. Die Tomaten waschen und würfeln.

2 Die Gemüsebrühe in einen Topf geben. Galgant, Möhren, Kaffir-Limettenblätter und 2 EL Fischsauce hinzufügen und aufkochen. Alles ca. 5 Min. bei mittlerer Hitze köcheln lassen. Inzwischen die Garnelen kalt abbrausen, trocken tupfen und die Schale bis auf das Schwanzstück entfernen.

3 Garnelen und Tomaten in die Brühe geben und bei kleiner Hitze in 2–3 Min. garen. Den Koriander kurz abbrausen, trocken tupfen und die Blätter abzupfen. Die Suppe mit der übrigen Fischsauce (1 EL), Salz und Pfeffer abschmecken. Die Glasnudeln auf Schalen verteilen, die Suppe daraufgeben und mit Koriander bestreuen.

Für 4 Personen • 35 Min. Zubereitung • Pro Portion ca. 385 kcal, 9 g E, 28 g F, 24 g KH

KÜRBIS-CURRY

HERBST-REZEPT

600 g Hokkaido-Kürbis
3 Schalotten
1 Stängel Zitronengras
100 g Baby-Spinat
1 EL Sonnenblumenöl
2 EL gelbe Currypaste
1 Dose Kokosmilch (400 g)
40 g Erdnusskerne (gesalzen)
4 Stängel Thai-Basilikum
3 EL Fischsauce
Pfeffer

1 Den Kürbis waschen, halbieren, entkernen und mit Schale in Stücke schneiden. Die Schalotten schälen und fein würfeln. Das Zitronengras waschen, die äußeren Blätter entfernen und das untere Ende abschneiden. Den Stängel sehr fein schneiden. Spinat verlesen, waschen und trocken schütteln.

2 Das Öl im Wok oder in einem Topf erhitzen, Zitronengras und Schalotten darin kurz anbraten. Kürbis dazugeben und unter Rühren anbraten. Die Currypaste einrühren und kurz anbraten. Die Kokosmilch und 300 ml Wasser dazugießen und alles ca. 15 Minuten köcheln lassen. Den Spinat dazugeben und 2–3 Min. mitgaren.

3 Die Erdnüsse grob hacken. Das Basilikum waschen und trocken tupfen, die Blätter abzupfen und in Streifen schneiden. Das Curry mit Fischsauce und Pfeffer abschmecken, mit Erdnüssen und Thai-Basilikum bestreuen und servieren. Dazu passt Reis.

Für 4 Personen • 55 Min. Zubereitung • Pro Portion ca. 485 kcal, 33 g E, 30 g F, 20 g KH

MASSAMAN-CURRY MIT RIND

KLASSIKER

2 rote Zwiebeln
1 Stück Ingwer (3 cm)
500 g festkochende Kartoffeln
500 g Rindfleisch (aus der Schulter)
2 EL Sonnenblumenöl
3 EL Massaman-Currypaste
1 Dose Kokosmilch (400 g)
Salz, Pfeffer
4 Stangen Staudensellerie
2 EL Sojasauce
4 Stängel Koriandergrün

GUT ZU WISSEN

Das »Gaeng Masaman« aus Südthailand ist relativ mild. Das Gericht stammt aus Indien und schmeckt auch fein mit Rindfleisch und Süßkartoffeln.

1 Zwiebeln und Ingwer schälen und in Streifen bzw. Scheiben schneiden. Die Kartoffeln schälen, waschen und in Spalten schneiden. Das Rindfleisch trocken tupfen und in mundgerechte Stücke schneiden.

2 Das Öl im Wok oder in einem Topf erhitzen, Zwiebeln und Ingwer darin ca. 2 Min. unter Rühren anbraten. Das Rindfleisch dazugeben und kurz mitbraten. Die Kartoffeln hinzufügen und unterrühren. Die Currypaste einrühren und kurz andünsten. Die Kokosmilch und 100 ml Wasser dazugießen und alles mit Salz und Pfeffer würzen. Das Curry zugedeckt bei mittlerer Hitze unter gelegentlichem Rühren ca. 40 Min. köcheln lassen.

3 Inzwischen den Sellerie putzen, waschen und schräg in mundgerechte Stücke schneiden. Sellerie und Sojasauce zum Curry geben, den Sellerie ca. 5 Min. mitgaren. Den Koriander kurz abbrausen und trocken tupfen, die Blätter abzupfen und in Streifen schneiden. Das Massaman-Curry mit Koriander bestreuen und servieren. Dazu passt Reis.

Für 4 Personen • 30 Min. Zubereitung • Pro Portion ca. 355 kcal, 27 g E, 24 g F, 6 g KH

FISCH-CURRY MIT SPARGEL

FÜR GÄSTE

2 Schalotten
1 Stück Ingwer (2–3 cm)
300 g grüner Spargel
1 Stängel Zitronengras
1 EL Sonnenblumenöl
3 EL gelbe Currypaste
1 Dose Kokosmilch (400 g)
Salz, Pfeffer
500 g Fischfilet (ohne Haut, z. B. Kabeljau, Lachs oder Zander)
½ Bund Koriandergrün
1 EL Fischsauce

1 Die Schalotten und den Ingwer schälen und beides fein würfeln. Den Spargel putzen, waschen und im unteren Drittel dünn schälen. Die Stangen in Stücke schneiden. Das Zitronengras waschen, die äußeren Blätter entfernen und das untere Ende abschneiden. Den Stängel längs halbieren.

2 Das Öl im Wok oder in einem Topf erhitzen. Schalotten und Ingwer im heißen Öl unter Rühren ca. 2 Min. andünsten. Die Currypaste einrühren und kurz mit andünsten. Das Zitronengras dazugeben, die Kokosmilch und 250 ml Wasser dazugießen und alles bei mittlerer Hitze ca. 5 Min. offen einkochen. Mit Salz und Pfeffer würzen.

3 Inzwischen das Fischfilet kalt abbrausen, trocken tupfen und in größere Stücke schneiden. Mit Salz und Pfeffer würzen.

4 Die Fischwürfel und die Spargelstücke zum Curry geben und alles bei mittlerer Hitze weitere 5 Min. garen. Das Zitronengras herausfischen. Den Koriander kurz abbrausen, trocken tupfen und die Blätter abzupfen. Das Fisch-Curry mit der Fischsauce abschmecken, mit dem Koriander bestreuen und servieren. Dazu passt Reis.

GUT ZU WISSEN

Salz und Pfeffer stehen in Thailand so gut wie nie auf dem Tisch. Dafür gibt es eine Vielzahl von Würzen wie eingelegte Chilis, salzige Fischextrakte und Knoblauch. Das macht das Nachwürzen spannend. Einfach mal ausprobieren, mit kleinen Mengen beginnen.

Für 4 Personen • 50 Min. Zubereitung • Pro Portion ca. 410 kcal, 34 g E, 25 g F, 9 g KH

ROTES SCHWEINEFLEISCH-CURRY

HERBST-REZEPT

1 Aubergine (ca. 400 g)
Salz
2 Knoblauchzehen
1 Stück Galgant (4 cm)
400 g Tomaten
500 g Schweineschnitzel
1 EL Sonnenblumenöl
Pfeffer
3 EL rote Currypaste
1 Dose Kokosmilch (400 g)
6 Stängel Thai-Basilikum
3 EL Sojasauce

1 Aubergine putzen, waschen, längs vierteln und würfeln. Leicht salzen und ca. 15 Min. ruhen lassen. Inzwischen Knoblauch und Galgant schälen und in dünne Scheiben schneiden. Tomaten waschen und vierteln. Fleisch trocken tupfen und in dünne Streifen schneiden.

2 Das Öl im Wok erhitzen. Das Fleisch darin unter Rühren ca. 2 Min. scharf anbraten, salzen, pfeffern und herausnehmen. Knoblauch und Galgant in den Wok geben und kurz anbraten. Die Currypaste gut unterrühren. Aubergine trocken tupfen und im Wok 2–3 Min. unter ständigem Rühren braten. Kokosmilch und 300 ml Wasser dazugießen. Das Fleisch hinzufügen und alles ca. 10 Min. köcheln.

3 Die Tomaten dazugeben und alles weitere ca. 5 Min. garen. Basilikum waschen und trocken tupfen, die Blätter abzupfen und in Streifen schneiden. Das Curry mit Sojasauce abschmecken und mit Basilikum bestreut servieren. Dazu passt Reis.

Für 4 Personen • 30 Min. Zubereitung • Pro Portion ca. 135 kcal, 18 g E, 1 g F, 11 g KH

FISCHSUPPE MIT MANGO

SCHNELL

1 Stück Galgant (2 cm)
1 Knoblauchzehe
1 unreife Mango (ca. 300 g)
800 ml Hühnerbrühe
1 TL Tamarindenpaste
3 EL Fischsauce
300 g Kabeljaufilet (ohne Haut)
100 g vorgekochtes Krebsfleisch
1 Bund Koriandergrün
Pfeffer

1 Galgant und Knoblauch schälen und in dünne Scheiben schneiden. Die Mango schälen und das Fruchtfleisch vom Stein schneiden. Die Mango in lange Streifen oder Stifte schneiden.

2 Die Brühe in einem Topf mit Galgant, Knoblauch, Tamarindenpaste und 1 EL Fischsauce zum Kochen bringen. Alles bei mittlerer Hitze ca. 5 Min. köcheln lassen. Inzwischen das Kabeljaufilet kalt abbrausen, trocken tupfen und in mundgerechte Stücke schneiden. Das Krebsfleisch trocken tupfen.

3 Die Fischstücke, das Krebsfleisch und die Mango in die Brühe geben und bei mittlerer Hitze ca. 5 Min. garen. Den Koriander kurz abbrausen, trocken tupfen und die Blätter abzupfen. Die Fischsuppe mit der übrigen Fischsauce (2 EL) und Pfeffer abschmecken. In Schalen geben, mit dem Koriander bestreuen und servieren.

Für 4 Personen • 35 Min. Zubereitung • Pro Portion ca. 550 kcal, 33 g E, 40 g F, 11 g KH

TOM KHA GAI

KLASSIKER

2 Stängel Zitronengras
1 Stück Galgant (4 cm)
2 rote Chilischoten
350 ml Gemüsebrühe
2 Dosen Kokosmilch (800 g)
3 EL Fischsauce
200 g Shiitake (Pilze)
100 g Zuckerschoten
400 g Hähnchenbrustfilet
1 Bund Koriandergrün

1 Das Zitronengras waschen, die äußeren Blätter entfernen und das untere Ende abschneiden. Die Stängel mit dem Messerrücken leicht anklopfen und in 4 cm lange Stücke schneiden. Galgant schälen und in Scheiben schneiden. Die Chilischoten waschen, halbieren, weiße Trennwände und Kerne entfernen.

2 Die Brühe und die Hälfte der Kokosmilch in den Wok oder in einen großen Topf gießen und erhitzen. Zitronengras, Galgant und Chilihälften dazugeben. 2 EL Fischsauce unterrühren und die Suppe bei mittlerer Hitze ca. 10 Min. köcheln lassen.

3 Inzwischen die Shiitake putzen und in Scheiben schneiden. Die Zuckerschoten putzen, waschen und in Stücke schneiden. Hähnchenbrustfilet trocken tupfen und in Streifen schneiden.

4 Zitronengras, Galgant und Chilihälften mit dem Schaumlöffel aus der Suppe nehmen. Die übrige Kokosmilch (400 g), die Pilze und das Hähnchenbrustfilet dazugeben und die Suppe bei kleiner Hitze weitere 5 Min. köcheln lassen. Die Zuckerschoten dazugeben und 1–2 Min. mitkochen.

5 Den Koriander kurz abbrausen, trocken tupfen und die Blätter abzupfen. Die Tom Kha Gai mit der restlichen Fischsauce (1 EL) abschmecken und mit Koriander bestreut servieren.

VORRATS-TIPP

Übrige Kokosmilch lässt sich gut einfrieren – am besten in einem Eiswürfelbehälter. Bei Bedarf die Kokoswürfel portionsweise in heißer Flüssigkeit, beispielsweise Brühe oder Suppe, wieder auftauen.

GEBRATEN & GERÜHRT

Für 4 Personen • 1 Std. Zubereitung • Pro Portion ca. 430 kcal, 26 g E, 13 g F, 51 g KH

PAD THAI MIT HÄHNCHEN

KLASSIKER

200 g Reisnudeln
4 EL Tamarindenpaste
1 rote Chilischote
3 EL Fischsauce
1 Bund Frühlingszwiebeln
1 Glas Mungbohnensprossen (Abtropfgewicht ca. 175 g)
75 g Erdnusskerne (ungesalzen)
250 g Hähnchenbrustfilet
1 EL Sonnenblumenöl
½ Bund Koriandergrün
Salz, Pfeffer

GU CLOU

In Thailand kommt man an dem beliebten Nudelgericht Pad Thai nicht vorbei. Dort bekommt man es zu jeder Tageszeit in jeder noch so kleinen Straßenküche. Dieses Rezept ist ohne verquirltes Ei, damit etwas purer, aber nicht weniger aromatisch.

1 Die Reisnudeln nach Packungsanweisung ca. 40 Minuten in Wasser einweichen. Inzwischen die Tamarindenpaste mit 200 ml heißem Wasser verrühren, bis sie sich aufgelöst hat. Die Chilischote waschen, halbieren, weiße Trennwände und Kerne entfernen und die Hälften fein hacken. Mit 2 EL Fischsauce unter die Tamarindenmischung rühren.

2 Die Frühlingszwiebeln putzen, waschen und in Ringe schneiden. Die Mungbohnensprossen gut abtropfen lassen. Die Erdnüsse grob hacken und beiseitestellen. Das Hähnchenbrustfilet trocken tupfen und in dünne Streifen schneiden.

3 Die Nudeln nach dem Einweichen ca. 5 Min. kochen, in ein Sieb abgießen und abtropfen lassen.

4 Das Öl in einem Wok erhitzen. Die Hähnchenstreifen darin bei großer Hitze ca. 2 Min. unter Rühren anbraten. Die Hälfte der Tamarindensauce und die Nudeln hinzufügen, dabei ständig weiterrühren. Alles an den Rand schieben. Die Sprossen und die Frühlingszwiebeln in den Wok geben und kurz unter Rühren anbraten. Die restliche Tamarindensauce dazugeben und alle Zutaten gut vermischen.

5 Den Koriander kurz abbrausen und trocken tupfen, die Blätter abzupfen und grob hacken. Die Nudeln mit der restlichen Fischsauce (1 EL), Salz und Pfeffer abschmecken. Die Pad Thai mit den gehackten Erdnüssen und dem Koriander bestreuen und servieren.

Für 4 Personen • 45 Min. Zubereitung • Pro Portion ca. 560 kcal, 30 g E, 28 g F, 47 g KH

REISNUDELN MIT HACKFLEISCH

EINFACH

5 Schalotten
2 Knoblauchzehen
1 Stängel Zitronengras
6 Stängel Thai-Basilikum
1 EL Sonnenblumenöl
500 g gemischtes Hackfleisch
4 Kaffir-Limettenblätter
500 ml Gemüsebrühe
4 EL Fischsauce
Pfeffer
200 g Reisnudeln (ohne Einweichen)

1 Schalotten und Knoblauch schälen und fein würfeln, Zitronengras waschen, die äußeren Blätter entfernen und das untere Ende abschneiden. Den Stängel fein schneiden. Das Basilikum waschen und trocken tupfen, von 3 Stängeln die Blätter abzupfen und hacken.

2 Das Öl im Wok oder in einer Pfanne erhitzen. Schalotten, Knoblauch und Zitronengras darin anbraten. Das Hackfleisch dazugeben und unter Rühren anbraten. Kaffir-Limettenblätter, die gehackten Basilikumblätter und die Brühe dazugeben. Alles mit 2 EL Fischsauce und Pfeffer würzen, aufkochen und zugedeckt bei kleiner Hitze 30 Min. köcheln lassen.

3 Die Reisnudeln nach Packungsanweisung 3–5 Min. kochen, abgießen und abtropfen lassen. Die Sauce mit der übrigen Fischsauce (2 EL) abschmecken. Die übrigen Basilikumblätter abzupfen. Nudeln und Sauce anrichten und mit Basilikum bestreut servieren.

Für 4 Personen • 30 Min. Zubereitung • Pro Portion ca. 135 kcal, 5 g E, 6 g F, 13 g KH

GEBRATENES GEMÜSE

SCHNELL

400 g Mini-Pak-Choi
1 Bund Frühlingszwiebeln
100 g Sojasprossen
1 rote Chilischote
1 kleine Dose Wasserkastanien (Abtropfgewicht ca. 140 g)
2 EL Erdnussöl
2 Limetten (davon 1 Bio)
3 EL Fischsauce
Salz, Pfeffer

1 Pak Choi putzen, waschen und längs in Streifen schneiden. Frühlingszwiebeln putzen, waschen und schräg in ca. 3 cm lange Stücke schneiden. Sprossen abbrausen und trocken tupfen. Chilischote waschen, halbieren, weiße Trennwände und Kerne entfernen und die Hälften in dünne Streifen schneiden. Wasserkastanien in ein Sieb abgießen und abtropfen lassen, nach Belieben halbieren oder vierteln.

2 Das Öl im Wok oder in einer Pfanne erhitzen. Die Chili kurz darin anbraten, dann Frühlingszwiebeln, Sprossen und Wasserkastanien hinzufügen und unter Rühren 3–4 Min. braten. Pak Choi dazugeben und alles weitere 2 Min. braten.

3 Inzwischen die Bio-Limette heiß waschen, abtrocknen und die Schale fein abreiben. Beide Limetten auspressen. Limettensaft und -schale mit der Fischsauce verrühren und zum Gemüse geben. Alles kurz aufkochen, mit Salz und Pfeffer würzen und servieren.

Für 4 Personen • 40 Min. Zubereitung • Pro Portion ca. 285 kcal, 8 g E, 9 g F, 44 g KH

BRATREIS MIT OMELETTSTREIFEN

KLASSIKER

200 g Jasminreis
Salz
200 g Pak Choi
200 g grüner Thai-Spargel
2 Knoblauchzehen
1 Stück Ingwer (2–3 cm)
2 Eier (M)
Pfeffer
2 EL Erdnussöl
3 Stängel Thai-Basilikum
5 EL Austernsauce (Oystersauce)
2 EL Sojasauce

1 Den Reis in Salzwasser nach Packungsanweisung ca. 20 Min. kochen. Inzwischen den Pak Choi putzen, waschen und in breite Streifen schneiden. Spargel putzen, waschen, im unteren Drittel schälen und in Stücke schneiden. Knoblauch und Ingwer schälen und fein hacken.

2 Die Eier verquirlen, salzen und pfeffern. 1 EL Öl in einer Pfanne erhitzen, die Eier hineingeben, stocken lassen, wenden und kurz braten. Omelett herausnehmen und in dünne Streifen schneiden.

3 Übriges Öl (1 EL) im Wok erhitzen. Knoblauch und Ingwer darin anbraten. Spargel hinzufügen und 2–3 Min. braten. Gut abgetropften Reis und Pak Choi hinzufügen und 2–3 Min. unter Rühren mitbraten. Basilikum waschen, trocken tupfen, die Blätter abzupfen und grob hacken. Das Gemüse im Wok mit Austern- und Sojasauce ablöschen, alles gut vermischen und mit Salz und Pfeffer abschmecken. Den Bratreis mit Omelettstreifen und Basilikum servieren.

Für 4 Personen • 35 Min. Zubereitung • Pro Portion ca. 395 kcal, 24 g E, 11 g F, 46 g KH

GRÜNE BRATNUDELN MIT TOFU

SOMMER-REZEPT

200 g asiatische Eiernudeln
350 g Brokkoli
350 g Zucchini
1 Bund Frühlingszwiebeln
400 g Tofu
1 EL Sonnenblumenöl
100 ml Sojasauce
70 ml Limettensaft
½ Bund Koriandergrün
Salz, Pfeffer

1 Die Nudeln nach Packungsanweisung ca. 5 Min. kochen, abgießen und abtropfen lassen. Brokkoli und Zucchini putzen und waschen. Brokkoli in Röschen teilen. Zucchini längs halbieren und in dünne Streifen schneiden. Frühlingszwiebeln putzen, waschen und in feine Ringe schneiden. Tofu trocken tupfen und in Würfel schneiden.

2 Das Öl im Wok oder in einer Pfanne erhitzen. Den Brokkoli darin bei großer Hitze 2–3 Min. unter Rühren anbraten. Zucchini hinzufügen und ca. 2 Min. mitbraten. Den Tofu und die Frühlingszwiebeln dazugeben und alles noch ca. 1 Min. braten. Mit Sojasauce und Limettensaft ablöschen.

3 Den Koriander kurz abbrausen und trocken tupfen, die Blätter abzupfen und grob hacken. Die Nudeln mit dem Gemüse und dem Tofu gut vermischen und mit Salz und Pfeffer abschmecken. Die Bratnudeln mit Koriander bestreut servieren.

Für 4 Personen • 40 Min. Zubereitung • Pro Portion ca. 435 kcal, 33 g E, 13 g F, 44 g KH

BRATREIS MIT HUHN UND GEMÜSE

FÜR GÄSTE

200 g Basmati-Reis
Salz
400 g Hähnchenbrustfilet
4 EL Sojasauce
250 g Spitzkohl
400 g Zucchini
1 Stück Ingwer (2–3 cm)
1 Dose Bambussprossen (Abtropfgewicht ca. 175 g)
2 EL weißer Sesam
3 EL Sonnenblumenöl
1 Handvoll Koriandergrün
Pfeffer

1 Den Reis in Salzwasser ca. 14 Min. kochen. Inzwischen Hähnchenfleisch trocken tupfen, in feine Streifen schneiden und mit 1 EL Sojasauce mischen. Spitzkohl putzen und in dünne Streifen hobeln. Zucchini putzen, waschen, halbieren und in Scheiben schneiden. Ingwer schälen und fein hacken. Bambussprossen in ein Sieb abgießen. Sesam im Wok ohne Fett goldbraun rösten und herausnehmen.

2 Das Öl im Wok erhitzen. Ingwer und Hähnchen darin bei großer Hitze 2–3 Min. anbraten, Fleisch wieder herausnehmen. Spitzkohl und Zucchini 2–3 Min. im Wok braten. Reis und Bambussprossen dazugeben und 2 Min. unter Rühren mitbraten. Den Koriander kurz abbrausen, trocken tupfen und die Blätter abzupfen.

3 Fleisch und 1 EL Sesam dazugeben. Mit übriger Sojasauce (3 EL) und 50 ml Wasser ablöschen, alles gut mischen, salzen und pfeffern. Den Bratreis mit Koriander und übrigem Sesam (1 EL) bestreuen.

Für 4 Personen • 30 Min. Zubereitung • Pro Portion ca. 495 kcal, 33 g E, 16 g F, 53 g KH

CASHEW-SCHWEINEFLEISCH

SCHARF

400 g Schweineschnitzel
Salz, Pfeffer
5 EL Reiswein
3 TL Speisestärke
250 g grüne Bohnen
1 Knoblauchzehe
1 rote Chilischote
200 g Basmati-Reis
1 EL Sonnenblumenöl
100 g Cashewkerne (ungesalzen)
6 Stängel Minze

1 Fleisch trocken tupfen, in Streifen schneiden, salzen und pfeffern. 3 EL Reiswein mit 1 TL Speisestärke verrühren und mit dem Fleisch vermischen. Bohnen putzen, waschen und in Stücke schneiden. Knoblauch schälen und fein hacken. Chilischote waschen, halbieren, Trennwände und Kerne entfernen und die Hälften fein hacken.

2 Reis in Salzwasser ca. 14 Min. kochen. Inzwischen Öl im Wok erhitzen, Cashewkerne darin anbraten, wieder herausnehmen. Fleisch im Wok unter Rühren anbraten. Bohnen, Knoblauch und Chili dazugeben und alles bei mittlerer Hitze ca. 5 Min. unter Rühren braten. Minze waschen und trocken tupfen, Blätter abzupfen und hacken.

3 Übrigen Reiswein (2 EL) und übrige Stärke (2 TL) mit 2 EL Wasser verrühren und zum Fleisch geben. Unter Rühren aufkochen und mit Salz und Pfeffer abschmecken. Die Cashewkerne untermischen. Das Gericht mit Minze bestreuen und mit dem Reis servieren.

Für 4 Personen • 50 Min. Zubereitung • Pro Portion ca. 495 kcal, 15 g E, 27 g F, 46 g KH

GEMÜSE-BRATREIS

VEGAN

200 g Natur-Reis
Salz
2 Möhren (ca. 200 g)
1 rote Paprika
1 Aubergine (ca. 300 g)
1 Knoblauchzehe
1 rote Chilischote
4 EL Erdnussöl
50 g Erdnusskerne (ungesalzen)
4 EL Erdnussmus
4 EL Sojasauce
Pfeffer

1 Den Reis in Salzwasser nach Packungsanweisung ca. 35 Min. kochen. Inzwischen die Möhren putzen, schälen und in Stifte schneiden. Paprika waschen, halbieren, weiße Trennwände und Kerne entfernen und die Hälften in mundgerechte Stücke schneiden. Die Aubergine putzen, waschen und in mundgerechte Stücke schneiden. Den Knoblauch schälen. Chilischote waschen, halbieren, Trennwände und Kerne entfernen und die Hälften mit dem Knoblauch fein hacken.

2 Das Öl im Wok oder in einer Pfanne erhitzen. Knoblauch, Chili und Möhren darin bei großer Hitze 2–3 Min. unter Rühren anbraten. Die Aubergine hinzufügen und alles ca. 5 Min. braten. Reis und Paprika dazugeben und 2–3 Min. mitbraten. Die Erdnüsse grob hacken.

3 Das Erdnussmus mit der Sojasauce und 4 EL Wasser gut verrühren. Zum Reis geben und alles gut mischen. Den Bratreis mit Salz und Pfeffer abschmecken. und mit den Erdnüssen bestreut servieren.

Für 4 Personen • 35 Min. Zubereitung • Pro Portion ca. 305 kcal, 24 g E, 13 g F, 25 g KH

KABELJAU MIT ZUCKERSCHOTEN

FÜR GÄSTE

1 Bund Frühlingszwiebeln
200 g Zuckerschoten
1 Bio-Limette
100 g Tempura-Teigmischung
500 g Kabeljaufilet (ohne Haut)
Salz, Pfeffer
4 EL Sonnenblumenöl
6 Stängel Thai-Basilikum
1 TL Fünf-Gewürze-Pulver
2 EL Fischsauce

1 Frühlingszwiebeln putzen, waschen, schräg in ca. 3 cm lange Stücke schneiden. Zuckerschoten putzen, waschen und in Stücke schneiden. Limette heiß waschen, abtrocknen, Schale abreiben, Saft auspressen. Tempura nach Packungsanweisung mit Wasser anrühren. Fischfilet kalt abbrausen, trocken tupfen, in mundgerechte Stücke schneiden, salzen und pfeffern. 3 EL Öl im Wok erhitzen. Fisch durch den Teig ziehen und portionsweise im Öl 3–4 Min. ausbacken. Herausnehmen, auf Küchenpapier entfetten, warm halten. Wok säubern.

2 Basilikum waschen und trocken tupfen, die Blätter abzupfen und grob hacken. Das übrige Öl (1 EL) im Wok erhitzen. Frühlingszwiebeln und Zuckerschoten darin 3–4 Min. unter Rühren braten. Mit dem Fünf-Gewürze-Pulver bestreuen, kurz weiterbraten, dann mit Fischsauce und Limettensaft ablöschen. Mit der Limettenschale würzen und mit Salz und Pfeffer abschmecken. Den Fisch auf dem Gemüse anrichten und mit Basilikum bestreut servieren. Dazu passt Reis.

Für 4 Personen • 35 Min. Zubereitung • Pro Portion ca. 375 kcal, 25 g E, 16 g F, 31 g KH

RINDFLEISCH-SPARGEL-WOK MIT KORIANDER

EINFACH

400 g Rindfleisch (Schulter oder Steak)
1 Knoblauchzehe
350 g grüner Spargel
150 g asiatische Eiernudeln
1 EL Sonnenblumenöl
Salz, Pfeffer
50 ml Austernsauce (Oystersauce)
50 ml Limettensaft
½ Bund Koriandergrün

PRODUKT-TIPP
Asiatische Eiernudeln sind spaghettiähnliche lange Nudeln, die meist »gefaltet« oder im Knäuel angeboten werden. Erst beim Kochen entfalten sie ihre Länge. Durch das Ei schmecken sie intensiver, ihre Kochzeit beträgt nur 4–5 Minuten.

1 Das Fleisch trocken tupfen und in Streifen schneiden. Den Knoblauch schälen und in dünne Scheiben schneiden. Den Spargel putzen, waschen und im unteren Drittel dünn schälen. Die Stangen in 2–3 cm lange Stücke schneiden.

2 Die Nudeln nach Packungsanweisung ca. 5 Min. kochen, abgießen, kalt abspülen, gut abtropfen lassen und mit einer Gabel auflockern.

3 Das Öl im Wok oder in einer Pfanne erhitzen. Das Fleisch und den Knoblauch darin bei großer Hitze 2–3 Min. unter Rühren scharf anbraten. Anschließend mit Salz und Pfeffer würzen. Den Spargel hinzufügen und alles ca. 2 Min. braten. Die Austernsauce mit dem Limettensaft verrühren und in den Wok geben. Das Ganze einmal kurz aufkochen.

4 Den Koriander kurz abbrausen und trocken tupfen, die Blätter abzupfen und nach Belieben grob hacken. Die Nudeln in den Wok geben und gut untermischen. Alles mit Salz und Pfeffer abschmecken. Den Rindfleisch-Spargel-Wok mit Koriander bestreuen und servieren.

SÜSSE S

Für 4 Personen • 45 Min. Zubereitung • 2 Std. Quellen • Pro Portion ca. 420 kcal, 6 g E, 20 g F, 52 g KH

KLEBREIS MIT ZITRONENGRAS UND MANGO

FÜR GÄSTE

200 g Thai-Klebreis
½ TL Salz
1 Stängel Zitronengras
50 g Kokoschips
250 g Kokosmilch
1 EL Palmzucker (ersatzweise Rohrohrzucker)
1 reife Mango (ca. 350 g)

1 Den Reis in einer Schüssel in reichlich warmem Wasser ca. 2 Std. quellen lassen. In ein Sieb abgießen und unter fließendem kaltem Wasser gründlich abspülen, bis das ablaufende Wasser klar ist. Den Reis in einen Topf geben, mit 300 ml Wasser und dem Salz aufkochen und bei kleiner Hitze zugedeckt 25–30 Min. garen, bis er aufgequollen und klebrig ist.

2 Inzwischen das Zitronengras waschen, die äußeren Blätter entfernen und das untere Ende abschneiden. Den Stängel längs halbieren. Die Kokoschips in einer Pfanne ohne Fett anrösten, herausnehmen und abkühlen lassen. Die Kokosmilch mit Zucker und Zitronengras in einen Topf geben und unter ständigem Rühren langsam erhitzen, aber nicht kochen.

3 Die Mango schälen, das Fruchtfleisch vom Stein schneiden und in Spalten oder Scheiben schneiden. Das Zitronengras aus der Kokosmilch nehmen.

4 Den Reis nach und nach mit der warmen Kokosmilch verrühren. Auf Schalen verteilen, mit Mango und Kokoschips garnieren und warm oder kalt servieren.

Für 4 Personen • 20 Min. Zubereitung • 5 Std. Gefrieren • Pro Portion ca. 470 kcal, 7 g E, 30 g F, 34 g KH

KOKOSEIS MIT SESAM

FÜR GÄSTE

2 Bio-Limetten
50 g heller Sesam
100 g Palmzucker (ersatzweise Rohrohrzucker)
500 g Kokosmilch
1 kleine reife Papaya (ca. 300 g)
1 EL Rum
1 EL flüssiger Honig

1 Limetten heiß waschen, abtrocken und die Schale abreiben. Beide Limetten auspressen. Sesam in einer Pfanne ohne Fett goldbraun rösten, herausnehmen und abkühlen lassen. Zucker in einem Topf hellbraun karamellisieren. Limettensaft und Kokosmilch dazugeben und alles unter Rühren langsam aufkochen, dann etwas abkühlen lassen. Die Hälfte vom Sesam und die Limettenschale unterrühren.

2 Die Mischung in eine Form geben und im Gefrierfach 4–5 Std. gefrieren lassen. Dabei zwischendurch mit einer Gabel immer wieder durchrühren, damit die Eiskristalle möglichst klein bleiben.

3 Papaya schälen, entkernen und in Stücke schneiden. Mit Rum und Honig beträufeln. Das Kokoseis ca. 15 Min. vor dem Servieren aus dem Gefrierfach nehmen und antauen lassen. Mit dem Eisportionierer zu Kugeln formen, in Schälchen geben und mit den Papayastücken garnieren. Mit dem restlichen Sesam (25 g) bestreut servieren.

Für 4 Personen • 25 Min. Zubereitung • Pro Portion ca. 155 kcal, 1 g E, 3 g F, 31 g KH

LITSCHI MIT CHILI-KARAMELL

VEGAN

1 kleine rote Chilischote
1 Bio-Zitrone
½ EL Sonnenblumenöl
1 EL heller Sesam
1 Zimtstange
80 g brauner Zucker
300 g Litschis (ersatzweise 1 Dose, Abtropfgewicht ca. 245 g)

1 Die Chilischote waschen und in dünne Ringe schneiden, die Kerne entfernen. Die Zitrone heiß waschen, abtrocknen, die Schale mit einem Zestenreißer in Streifen abziehen und den Saft auspressen.

2 Das Öl in einer Pfanne erhitzen. Chili, Sesam, Zimtstange und Zitronenschale darin bei mittlerer Hitze 1–2 Min. andünsten. Den Zucker dazugeben und 2–3 Min. karamellisieren lassen. 50 ml Wasser dazugeben und unter Rühren ca. 2 Min. köcheln lassen, bis sich der Karamell vollständig gelöst hat. Die Pfanne vom Herd nehmen und den Zitronensaft unterrühren.

3 Die Schale der Litschis mit einem Messer einritzen. Die Früchte herauslösen und die Kerne entfernen. Die Litschis auf Schälchen verteilen und mit dem warmen Chili-Karamell servieren.

Für 4 Personen • 45 Min. Zubereitung • Pro Portion ca. 455 kcal, 9 g E, 21 g F, 57 g KH

FRITTIERTE BANANEN

KLASSIKER

75 g Reismehl
75 g Weizenmehl
1 Msp. Salz
150 g Kokosmilch
2 EL flüssiger Honig
50 g Erdnusskerne (ungesalzen)
500 ml Frittieröl
8 unreife (grüne) kleine Bananen

1 Die beiden Mehle mit dem Salz in einer Schüssel vermischen. Die Kokosmilch mit 50 ml Wasser verrühren und nach und nach unter das Mehl rühren, bis ein zähflüssiger Teig entstanden ist. 1 EL Honig unterrühren und den Teig ca. 10 Min. quellen lassen.

2 Inzwischen die Erdnüsse fein hacken. Das Frittieröl in einem Wok oder einem Topf erhitzen, bis kleine Bläschen aufsteigen. Die Bananen schälen und längs halbieren. Die Erdnüsse gründlich unter den Kokosteig rühren.

3 Die Bananenhälften durch den Kokosteig ziehen, kurz abtropfen lassen und portionsweise im heißen Öl ca. 3 Min. goldbraun frittieren. Bananen auf Küchenpapier entfetten, mit dem übrigen Honig (1 EL) beträufeln und sofort servieren. Dazu passt Vanilleeis.

Für 4 Personen • 35 Min. Zubereitung • Pro Portion ca. 145 kcal, 1 g E, 3 g F, 26 g KH

ANANAS MIT MINZZUCKER

SOMMER-REZEPT

4 Kardamomkapseln
2 Sternanise
1 Stück Ingwer (20 g)
1 Bio-Zitrone
½ Bund Minze
4 EL brauner Zucker
600 g Ananas
1 EL Butter

1 Die Kardamomkapseln öffnen und die Samen herauslösen. Die Sternanissamen aus den Schalen pulen. Den Ingwer schälen und fein reiben. Die Zitrone heiß waschen, abtrocknen und die Schale abreiben. Den Saft auspressen. Die Minze waschen und trocken tupfen, die Blätter abzupfen und fein hacken.

2 Kardamom- und Sternanissamen mit dem Zucker im Mörser fein zerdrücken und dabei vermischen. Ingwer, Zitronenschale und Minze dazugeben und gut unterrühren. Alles noch etwas zerdrücken.

3 Die Ananas schälen und in 2 cm dicke Scheiben schneiden. Die Butter in einer Pfanne erhitzen und die Ananasscheiben darin portionsweise pro Seite ca. 1 Min. anbraten. Mit etwas Zitronensaft beträufeln und herausnehmen. Die Ananasscheiben auf eine Platte legen und mit dem Minzzucker bestreut servieren.

REGISTER

Vegetarische Rezepte, die im Buch mit einem 🌢 gekennzeichnet sind, hier grün abgesetzt.

Abkürzungsverzeichnis:
E = Eiweiß
EL = Esslöffel (gestrichen)
F = Fett
kcal = Kilokalorien
KH = Kohlenhydrate
Msp. = Messerspitze
Pck. = Päckchen
TK = Tiefkühl
TL = Teelöffel (gestrichen)
Ø = Durchmesser

Projektleitung: Sabine Sälzer
Lektorat: Katharina Lisson
Korrektorat: Jutta Friedrich
Innen- und Umschlaggestaltung: independent Medien-Design, München: Horst Moser (Artdirection), Lucie Heselich, Svenja Wamser
Herstellung: Renate Hutt
Satz: Kösel, Krugzell
Reproduktion: Medienprinzen, München
Druck und Bindung: Firmengruppe APPL, aprinta druck, Wemding
Syndication: www.imageprofessionals.com
Printed in Germany

4. Auflage 2025
ISBN 978-3-8338-7301-0

DIE AUTORIN

Stefanie Nickel ist Ernährungswissenschaftlerin und hat lange Zeit für bekannte Zeitschriften geschrieben. Mittlerweile arbeitet sie freiberuflich als Autorin, Food-Journalistin und Rezeptentwicklerin.

DER FOTOGRAF

Wolfgang Schardt kann seine Liebe für Essen und Trinken beruflich ausleben. In seinem Studio in Hamburg fotografiert er vor allem Food, Stills und Interieur für Magazine, Verlage und Werbung. Sein Team bei diesem Buch: **Lukas Grossmann** (Foodstyling) und **Janet Hesse** (Assistenz)
blog: www.veggielicious.de

BILDNACHWEIS

Wolfgang Schardt: S. 06–59 und Stepfotos auf den Klappen
AUEN60 Photography (Julia Schärdel & Ines Häberlein): S. 01, 05 und Stilleben auf den Klappen
Autorenfoto: Maria Grossmann
Coverfoto: photisserie, Kathrin Koschitzki

Umwelthinweis:
Dieses Buch ist auf PEFC-zertifiziertem Papier aus nachhaltiger Waldwirtschaft gedruckt.

QUALITÄTS G|U GARANTIE

LIEBE LESERINNEN UND LESER,

wir wollen Ihnen mit diesem Buch Informationen und Anregungen geben, um Ihnen das Leben zu erleichtern oder Sie zu inspirieren, Neues auszuprobieren. Wir achten bei der Erstellung unserer Bücher auf Aktualität und stellen höchste Ansprüche an Inhalt und Gestaltung. Alle Anleitungen und Rezepte werden von unseren Autoren, jeweils Experten auf ihren Gebieten, gewissenhaft erstellt und von unseren Redakteur*innen mit größter Sorgfalt ausgewählt und geprüft.

Haben wir Ihre Erwartungen erfüllt? Sind Sie mit diesem Buch und seinen Inhalten zufrieden? Wir freuen uns auf Ihre Rückmeldung. Und wir freuen uns, wenn Sie diesen Titel weiterempfehlen, in Ihrem Freundeskreis oder bei Ihrem Online-Kauf.

Sollten wir Ihre Erwartungen so gar nicht erfüllt haben, tauschen wir Ihnen Ihr Buch jederzeit gegen ein gleichwertiges zum gleichen oder ähnlichen Thema um.

KONTAKT ZUM LESERSERVICE

GRÄFE UND UNZER VERLAG
Grillparzerstraße 12
81675 München
www.gu.de

GRÄFE UND UNZER

DIE »GU KOCHEN PLUS«-APP

1 APP HERUNTERLADEN

Laden Sie die kostenlose »GU Kochen Plus«-App im Apple App Store oder im Google Play Store auf Ihr Smartphone. Starten Sie die App und wählen Sie Ihren Küchenratgeber aus.

2 REZEPTBILD SCANNEN

Scannen Sie das gewünschte Rezeptbild mit der Kamera Ihres Smartphones. Klicken Sie im Display die Funktion Ihrer Wahl.

3 FUNKTIONEN NUTZEN

Sammeln Sie Ihre Lieblingsrezepte. Speichern und verschicken Sie Ihre Einkaufslisten. Oder nutzen Sie den praktischen Supermarkt-Finder und den Rezept-Planer.